1, rond-point du Général-Eisenhower, 31101 Toulouse Cedex 9, France
editionsmilan.com

Loi 49-956 du 16 juillet 1949 sur les publications destinées à la jeunesse.
Dépôt légal : octobre 2022 • ISBN : 978-2-408-03733-8
Achevé d'imprimer au 4e trimestre 2022 en France par Pollina
Plus d'informations sur la fabrication de nos livres :
editionsmilan.com/comment-fabriquons-nous-nos-livres
Tu vides tes étagères et connais déjà ce livre par cœur? Donne-le!

Le très grand câlin

Texte de Manon Fargetton
Illustrations de Guillaume Bianco

milan

Qu'est-ce que vous faites ?
Un câlin.
Oh. D'accord.

Il est long, votre câlin.
Oui. C'est un très grand câlin.
Je peux venir ?

Qu'est-ce que vous faites ?
Un câlin. Un très grand câlin.
Oh. Je peux venir ?

Qu’est-ce que vous faites ?
Un très grand câlin. Vous venez?
Oh oui...

Qu’est-ce que vous faites ?
Le plus grand des câlins.
Quelqu’un s’est fait mal ?
Non, c’est un câlin pour rien,
juste un câlin.
Oh. On peut participer ?

Qu’est-ce que vous faites ?
Un câlin.
Moi, j’aime pas les câlins.
Tant pis, ça ne fait rien.

Qu’est-ce que vous faites ?
Un très grand très long câlin. Tu viens ?
Oh lala, ça fait du bien.
Oui, hein ?

Peut-être qu'en fait j'aimerais bien un câlin.
Bah, viens.
Mais j'aime pas les câlins, hein, je vous préviens.
Oui oui.
Bon.

Qu’est-ce que vous faites ?
Chuuuut.

Mais, en vrai,
pourquoi vous le faites,
ce très grand câlin ?

Parce que ça me fait sourire.
Parce que ça me fait plaisir.
Parce que ce matin
je n'allais pas bien.

Parce que c’est moelleux.
Parce que je peux fermer les yeux.
Parce que ça m’aide à rejoindre demain.
Parce que c’est doux.

Parce que. C'est tout !

Pardon, mais… on va où comme ça?

Loin. Plus loin que plusieurs soirs et plusieurs matins.

Le câlin va rejoindre quelqu'un.

Alors?

Tu viens?